クリスマスおめでとう

（降誕劇／幼稚園・保育園用）

脚本　小松原宏子

クリスマスおめでとう

とうじょうじんぶつ

- てんしガブリエル
- マリア
- ヨセフ
- ひつじかい１
- ひつじかい２
- ひつじかい３
- ほし
- てんし１
- てんし２
- てんし３
- やどやのしゅじん
- はかせ１
- はかせ２
- はかせ３
- ヘロデおう
- ヘロデのけらい１
- ヘロデのけらい２
- ヘロデのけらい３

マリアのいえのにわ

ガブリエル　おめでとう　マリア。めぐまれたひと。あなたは　かみの　みこを　おうみになります。
マリア　かみの　みこ？　かみさまのこどもを　わたしが　うむのですか？
ガブリエル　そうです。あなたのおなかには　もう　あかちゃんがいます。うまれてくる　こどもは　かみさまのこどもです。
マリア　あなたは　どなたですか？
ガブリエル　わたしは　てんしガブリエルです。かみさまからの　ことばを　つたえにきたのです。
マリア　それでは　すべて　みこころのとおりに　なりますように。

ヨセフ　（たちどまったまま）なんということだ。いま　みたことは　ほんとうだろうか。なんだか　たいへんなことに　なりそうだ。マリアと　けっこんするのは　やめておこう。

《演出・解説》

▼マリアがいすにすわっている。
▼かみてから、てんしガブリエルがやってくる。
▼マリア、かおをあげる。
▼ガブリエル、マリアのまえでひざまずく。
▼そこへ、ヨセフが、しもてからはなをもって、やってくる。
▼ヨセフ、ガブリエルにきがついてたちどまる。

▼ガブリエル、かみてにさる。マリア、ほんをとじて、かんがえこむように、じっとしている。

▼ヨセフ、はなをもったまま、しもてにさる。

ヨセフのへや（よる）

▼ヨセフが、ベッドによこになって、ねむっている。
▼そこに、てんしガブリエルがやってくる。

ガブリエル　ヨセフ、ヨセフ。
ヨセフ　（おきあがって）はい、ここにおります。
ガブリエル　よくききなさい。あなたがこれからけっこんするマリアは　かみさまのこどもをうみます。そのこを　イエスとなづけなさい。イエスさまは　せかいを　すくい　キリストとよばれるように　なるでしょう。

▼ガブリエル、いなくなる。
▼ヨセフ、ふたたびベッドによこになる。
▼へやがあかるくなる。
▼ヨセフ、ぱっとおきあがって、ベッドからでる。

ヨセフ　ああ、もう　あさだ。ゆめのなかで　てんしにあった。ふしぎなことがあるものだ。マリアは　ほんとうに　かみさまのこどもを　うむらしい。たいせつに　そだてなければな。

▼（暗転）

あれの（よる）

▼さんにんのひつじかいが、じめんにすわっている。

ひつじかい1　ああ、さむいさむい。ぼくたちは　どうしてこんなところで　ひつじのばんをしていなくちゃ　いけないんだろう。ほかのひとたちは　みんないえのなかにいて　あったかいベッドで　ねむっているというのに。

ひつじかい2　しかたないさ。ぼくたちは　ひつじかいなんだから。よるのあいだに　ひつじたちが　おおかみに　たべられたりしないように　そとで　ばんをするのが　しごとなんだからさ。

ひつじかい3　そうそう。どうせ　おかねも　ないし　りっぱないえもないし。きているものも　ぼろぼろだから　ひつじのそばにいるほうが　ましじゃないか。

ひつじかい1　そうかなあ。

ひつじかい2　げんきを　だせよ。ほら、そらを　みあげてごらん。こんやは　いちだんとほしが　きれいだ。ヘロデおうの　きゅうでんより　みごとな　てんじょうだと　おもわないか？

ひつじかい3　しいっ！　だれかに　きかれたら　くびをきられるぞ。ヘロデおうは　おそろしくて　ざんこくな　おうさまなんだから。

ひつじかい1　だれにも　きかれやしないさ。このひろいのはらに　ぼくたち　さんにんだけだもの。

ひつじかい2　そうだな。それも　しあわせなことだ。まちのひとたちは　いつも　おうさまが　こわくて　びくびくしているんだから。

ひつじかい3　ぼくたちは　みんなから　ばかにされて　だれからも　あいてにされないけれど　けんかもしなければ　わるいこともしていない。だれにも　めいわく　かけずに　いきていられるだけで　ありがたいと　おもわなくちゃな。

ひつじかい1　そうだね。じゃあ、せめて　きれいな　ほしぞらを　ながめることにしようか。

▼さんにんのひつじかい、そろって、しもてのほうの、そらをみあげる。
▼しもてから、ほしがでてくる。

ひつじかい2　あのほしが　みえる？

ひつじかい3　ずいぶん　あかるい　ほしだなぁ。

▼ほし、りょうてをあげて、くるりとまわる。

ひつじかい1　どんどん　あかるく　なっているぞ。あんな　ほしは　みたことがない。

ひつじかい2　なにか　わるいことの　しるしだろうか。

ひつじかい3　いいや、そんなことはないだろう。だって、こんなに　すばらしくて　うつくしいんだから。

ひつじかい1　ほんとうだ。いえのなかで　ねむっていたら　こんなきれいなほしは　みられなかったな。

ひつじかい2　ひつじかいの　しごとで　そとにいて　よかったな。

ひつじかい3　きっと　いいことの　しるしに　ちがいない。

▼かみてから、さんにんのてんしが、しずかにあらわれる。

てんし1　そのとおりですよ。

てんし2　こんや　すばらしいことが　おこるのです。
てんし3　それを　みられるのは　あなたたち　だけです。
てんし1　めぐまれた　ひとたち　おめでとう。
てんし2　さあ、ほしに　ついて　ゆきなさい。
てんし3　かみさまの　みめぐみが　ゆたかに　ありますように。
ひつじかい1　い、いまのひとたちは、いったいだれだ？
ひつじかい2　てんしのようだったな。
ひつじかい3　おれたちのことを「めぐまれた　ひと」といったぞ。
ひつじかい1　なにかの　まちがいだな。みんな　びんぼうな　ひつじかい　なんだから。
ひつじかい2　あっ、みろ！　ほしが　うごいた！
ひつじかい3　ついていこう！

▼さんにんのひつじかい、びっくりしたようにふりかえる。

▼さんにんのてんし、かみてにさる。

▼ほしが、くるくると、そのばでまわり、ひつじかいたちに、てをふる。

▼さんにんのひつじかい、たちあがる。

ヘロデおうの　きゅうでん

けらい３　おうさま！　ヘロデおうさま！　ひがしのくにから　きたという　さんにんの　はかせが　おうさまに　おあいしたいと　もうしております。

ヘロデおう　なに？　ひがしのくにの　はかせ？　なんのようだ？

けらい３　ユダヤじんの　あたらしい　おうさまが　うまれた　おいわいに　きたと　いっています。

ヘロデおう　あたらしい　おうだと？

けらい１　そんなものは　いないと　いって　おいかえせ！

けらい２　そうだ。ユダヤじんの　おうは、このヘロデおうさましか　いない、といえ。

けらい３　かしこまりました。

ヘロデおう　ちょっと　まて。

▼ほしが、おどるように、まわったり、はねたりしながら、しもてにさる。
▼さんにんのひつじかい、そのあとをおうように、ついていく。

▼まんなかのぎょくざに、ヘロデおうがすわっている。
▼そのりょうわきに、けらい1、けらい2が、ひとりずつたってい る。
▼けらい3、しもてからでてくる。

▼けらい3、さろうとする。

ヘロデおう　もし　ユダヤの　あたらしい　おうに　なろうとするやつがいるのなら　それが　だれなのかを　きいて　ころしてしまわなくてはな。はかせたちを　ここへ　よべ。

けらい３　かしこまりました。

▼けらい３、たちどまる。

ヘロデおう　ようこそ、ひがしのくにの　はかせたち。

はかせ１　ヘロデおうさま、おめにかかれて　こうえいです。

ヘロデおう　みなさんは、ユダヤじんの　あたらしい　おうさまに　あいに　いらしたとか。

はかせ２　はい。わたしたちは　ほしのしらせを　みて　あたらしい　おうさまがうまれることを　しったのです。

はかせ３　このように　おくりものも　もってきました。

▼けらい３、しもてにさる。
▼いれかわりに、しもてから、さんにんのはかせが、はいってくる。

はかせ１　そのかたは　いままでの　どのおうさまよりも

はかせ２　これからの　どのおうさまよりも

はかせ３　いだいなかただという　ほしのしらせが　あったのです。

▼さんにんのはかせ、それぞれおくりものをみせる。

ヘロデおう それは　すばらしい　おはなしです。みなさん　そのかたを　みつけたら　ぜひ　しらせに　きてください。わたしも　おがみに　いきたいので。

はかせたち かしこまりました。

▼さんにんのはかせ、おじぎをして、しもてにさる。

ヘロデおう （けらいたちに）あの　はかせたちが　もどってきたら、あたらしいおうが　どこにいるか　ききだして　ころしに　いけ。

けらいたち はい！　わかりました。

▼けらいたち、しもてにさる。

ヘロデおう わたしのほかに　おうがいるだと？　ぜったいに　ゆるさーん！　そんなことを　いうやつらは　ひとりのこらず　くびをきってやる！

▼ヘロデおう、おこりながら、かみてにさる。

やどやのまえ

▼ヨセフとマリアが　かみてからあるいてくる。

▼ヨセフは、おなかがおおきいマリアを、だきかかえるようにしている。

▼やどやのまえに、しゅじんがたっている。

ヨセフ　すみません。こんやひとばん　このやどに　とめてもらえないでしょうか。

しゅじん　ざんねんながら　こんやは　ひとがいっぱいで　もうへやがありません。

ヨセフ　もうすぐ　あかちゃんが　うまれそうなのです。

しゅじん　それは　きのどくに。でも、ほんとうに　とまるばしょが　ないのです。

ヨセフ　それでは、この　うまごやで　やすませて　もらえませんか。

しゅじん　うまごやで　いいのなら　どうぞ。

▼ヨセフとマリア、うまごやのなかにはいる。
▼やどやのしゅじん、しもてにさる。
▼かみてから、ほしがでてくる。
▼つづいて、さんにんのひつじかいが、でてくる。
▼ほし、うまごやのまえで、たちどまって、くるりとまわる。

ひつじかい1　ほ、ほしが　ここで　とまったぞ！

ひつじかい2　でも、なんにも　ないじゃないか。

ひつじかい3　ぼろっちい　うまごやが　あるだけだ。

ひつじかい1　なにか　とくべつなことが　おこると　おもったんだけどな。

ひつじかい2　やっぱり　かんちがいかぁ……。

▼ほし、りょうてをたかくあげてくるくるまわる。

ひつじかい3　あっ、ほしが……ほしが……きゅうに　あかるくなった！

ひつじかいたち うわあ！　まぶしい‼

ひつじかい1 き、きいたか？　あかちゃんが　うまれたぞ！

ひつじかい2 お、おお！　なかに　はいってみよう！

ひつじかい3 でも、こんな　きたない　かっこうだし……。

てんし1 おゆきなさい　めぐまれた　ひとたち。

てんし2 いま　ここに　かみの　みこが　おうまれに　なりました。

てんし3 あなたがたは　さいしょに　みこを　おがむひとに　なるのです。

ひつじかい1 かみのみこ？　かみさまの　こどもということですか？

ひつじかい2 どうして　ぼくたちなんかが……？

ひつじかい3 そうだよ。いちばんびんぼうで　いちばんさびしい　ぼくたちが　かみさまの　こどもに　あえるはずが　ないじゃないか。

てんし1 いいえ。あなたがたこそが　まっさきに　かみの　みこに　あえるのです。

てんし2 まずしくても　かみさまを　しんじている　ひとたち。

▼うまごやから、あかちゃんのなきごえがきこえてくる。

▼ほし、しもてにはしりさる。
▼かみてから、さんにんのてんしが、でてくる。

▼てんしたち、ぜんいん、くびをよこにふる。

てんし3　さびしくても　きぼうを　うしなわない　ひとたち。
てんし1　さあ　おゆきなさい。かみのみこが　あなたがたを　まっています。

うまごやのなか

ひつじかい1　おお！　なんと　こうごうしい　あかちゃんだ！
ひつじかい2　かみさまは　こんなところにも　きてくださるんだなあ。
ひつじかい3　かみさまは、こんなぼくたちにも　あってくださるんだなあ。
マリア　みなさんを　おまちしておりました。このこの　たんじょうを　おいわいしてください。
ヨセフ　ほかのひとは　みな　ねむっています。
マリア　あなたがただけが、めを　さましていたのです。
ヨセフ　この　きよいよるに。
マリア　みなさんのうえに、みめぐみが　ゆたかに　ありますように。
ひつじかいたち　も、もう　めぐまれています！

▼さんにんのひつじかい、うまごやのなかに、はいっていく。

▼マリアが、あかちゃんをだいてすわっている。
▼そのよこで、ヨセフがすわって、あかちゃんを、あやしている。
▼さんにんのひつじかい、かみてから、はいってくる。

▼ひつじかいたち、ひざまずいていのりを、ささげる。

はかせ1　おお！　かみのみこだ。
はかせ2　まさしく！　ひとめで　わかります。なんと　こうごうしい。
はかせ3　ほしに　みちびかれた　とおりでしたな。さあ、おくりものを！

▼ひつじかいたち、たちあがり、かみてにさる。
▼いれかわりに、しもてから、さんにんのはかせが、はいってくる。

▼さんにんのはかせ、あかちゃんのまえに、ひざまずく。

はかせ1　おうごんです。
はかせ2　もつやくです。
はかせ3　にゅうこうです。

▼マリア、あたまをさげて、うけとる。

ヨセフ　あなたがたは　どこから　いらしたのですか。
はかせ1　とおい　ひがしのくにです。
はかせ2　かみのみこが　うまれると　わかって　たびをして　まいりました。
はかせ3　この　あかちゃんは　やがて　せかいの　すくいぬしと　なるでしょう。

▼さんにんのはかせ、しもてにさる。
▼いれかわりに、さんにんのてんし、かみてから、はいってくる。

てんし2　これが　クリスマスの　できごとです。

てんし3　かみさまの　みこ　イエスさまが　おうまれに　なったのです。

てんし1　ひがしのくにの　はかせたちは　ゆめで　ヘロデおうのところに　もどるなと　おつげを　うけ　べつのみちを　とおって　かえってゆきました。

てんし2　おかげで　イエスさまは　ころされずに　すみ

てんし3　みんなが　すくわれて

てんし1　この　せかいは　かみの　くにに　なりました。

てんし2　クリスマスは　イエスさまの　たんじょうを　いわう　ひです。

てんし3　きょう　プレゼントが　もらえるのも

てんし1　ごちそうが　たべられるのも

てんし2　せかいで　いちばん　すばらしい　できごとを　おいわいする　ひだからなんですよ。

てんし3　メリークリスマス！

てんしたち・マリア・ヨセフ　メリークリスマス！　みめぐみが　ゆたかに　ありますように！

クリスマスのよる

（降誕劇／小学生～大人用）

脚本　　　小松原宏子

クリスマスのよる

登場人物

・羊飼い1
・羊飼い2
・羊飼い3
・天使1
・天使2
・天使3
・マリア
・ヨセフ
・ヘロデ王
・博士1
・博士2
・博士3

夜の野原

羊飼い1　ああ、寒い寒い。どうしてぼくたちは、こんなところでこごえていなければいけないんだろうなあ。ほかの人たちはみんなちゃんとした家に住んで、あったかい寝床でぐっすり眠っているというのに。

羊飼い2　しかたないさ。おれたちはしがない羊飼いなんだから。金もなければ、住むところもない。こうして夜中も外で羊の番をするしかないのさ。

羊飼い3　やれやれ。おれたちは羊以下だな。羊にはあったかい毛皮があるけど、おれたちはこんなボロを着て、ふるえていなきゃいけないんだからなあ。

羊飼い1　まったくだ。ぼくはいったい何のために生まれてきたんだろう。親の顔も知らないし、どこへ行ってもじゃまものあつかい。ようやく羊飼いの仕事をもらえたのはいいけれど、一生このまま何の楽しいこともないかと思うと、生きている意味なんかないような気がするよ。

羊飼い2　そんなふうに考えるなよ。ほら、今夜はいい天気だぜ。満天の星空が天井だなんて、ヘロデ王の宮殿よりぜいたくじゃないか。

羊飼い3　しいっ。だれかに聞かれたら首を切られるぞ。ヘロデはざんこくでおそろしい王さまだから、町の人たちはみんないつ牢屋に入れられるかとびくびくしているんだ。

羊飼い1　ここは大丈夫だよ。ぼくたちはそんな心配がないのも、幸せなことなの

《演出・解説》

▼地面に三人の羊飼いがねころんでいる。三人とも寒そうに手をすりあわせている。

かな。

羊飼い2　そうさ。寒くてひもじくてさびしいけれど、この広い草原が、神様がおれたちにくださった、平和な世界じゃないか。

羊飼い3　そうそう。だれからも相手にされないおれたちだけど、盗みもけんかもしなければ、だれにも迷惑かけるわけじゃなし。忘れられたまま、ひっそり生きていければ、それでいいのさ。どうせ貧乏からぬけられるわけでもないんだから。

羊飼い1　あの星が見える？

羊飼い2　ああ。だんだん明るくなっているな。

羊飼い3　なんてふしぎな星だ。こんなものは見たことがない。

羊飼い1　何か悪いことのしるしだろうか？

羊飼い2　いや、そんなことはない。

羊飼い1　どうしてわかる？

羊飼い2　だって……すばらしく美しいじゃないか。なにか、こう、とてもきよらかで神々しい光だと思わないか？

羊飼い3　まったくだ。家の中で眠っていたら、こんな光を見ることはできなかったと思うと、野宿していてよかったと思うよ。こんな気持ちになったのは生まれて初めてだ。

羊飼い1　では、いいことのしるしなのかな。そうだといいなあ。

▼三人の羊飼い、体を起こして地面にすわり、しばらくだまって下手のほうの夜空を見上げている。
▼すると、ひとつの星がだんだん明るさを増してくる。

▼上手から三人の天使がしずかにあらわれる。羊飼いたち、背中を向けているので気づかない。

▼羊飼いたち、おどろいたようにふりかえる。

天使1　そのとおりですよ。

天使2　あの星は、すばらしいことがおこるしるしです。

天使3　世界の、ほかのどの場所にも起こらない、

天使1　今まで起こったこともない、

天使2　このあとも二度と起こることのない、

天使3　その、すばらしいことがもうすぐ起こるのです。

天使1　それを見ることができるのは、あなたたちだけです。

天使2　さあ、行きなさい。この世でいちばん恵まれた人たち。

天使3　おめでとう。あなたたちは、神の子を見るさいしょの人間になるのです。

▼天使たち、きびすをかえして、上手に去っていく。羊飼いたち、顔をみあわせる。

羊飼い1　い、今のはいったい…?

羊飼い2　天使だ。天使がおりてきたにちがいない。

羊飼い3　おれたちのことを、「この世でいちばん恵まれた人たち」と言ったな。

羊飼い2　そんなばかなことがあるか？

羊飼い3　いや、ある。おれは信じるぞ。だって、あの星を見ろ。ますます光輝いている。それに、何ていうか、こんな幸せな気持ちになったのは初めてだ。

羊飼い1　あっ！　星がうごいた！

羊飼い2　まるで、おれたちをまねいているみたいだ

羊飼い3　ついていこう。なにかが起こるんだ。きっと、すばらしい何かが。

▼星がうごく。羊飼いたち、あとを追うように走って下手に去る。

東方の博士の家

▼三人の博士が書物や地図を広げたり、遠眼鏡で星空を見上げたりしている。

博士1　どうです？　言ったとおりでしょう？

博士2　たしかに。しかし、このようなことが起こるとは。

博士3　奇跡ですな。われわれは星の動きを読むために何十年と学問を続けてきたわけだが、このようにはっきりと星が語るのを見ることになるとは。

博士1　奇跡というより、これは神がわれわれに直接語りかけているとしか思えない。

博士2　星をつかって、しるしを表したということですかな。

博士3　そのとおり。つまり、われわれはこの星を追っていけば、神のみわざの目

撃者になれるわけだ。そしてそのみわざとは……。

博士1　神のみ子がこの世につかわされる、ということにちがいない。

博士2　そして、今このことを知っているのはわれわれ三人のみ。

博士3　行かねばなるまい。どんなに遠く困難な旅であっても。

博士1　もちろんだ。さあ、旅のしたくを。神のみ子にささげる贈り物をもって、な。

博士2　黄金をもて。

博士3　乳香も。

博士1　没薬もたずさえたぞ。いざ、出発だ。

博士2　おお！　見ろ。星がうごきはじめた。ことは始まったのだ。

博士3　ああ、何十年と学問を積んでも、その場にいあわせることはできなかったか。今、その場でそのできごとを見ている幸せな人間はどんな方たちであろうか。われわれ占星術の博士もかなわないりっぱな人々であろうな。

博士1　祭司だろうか。

博士2　律法学者だろうか。

博士3　貴族だろうか。

博士1　王様かもしれぬ。

博士2　ともかく急ごう。その恵まれた人々のあとに続こうではないか。

▼三人の博士、うなずきあい、家を出る。

宿屋の馬小屋

▼三人の羊飼い、上手からあらわれる。

羊飼い1　ほ、星がここでとまったぞ！
羊飼い2　でも、何もないじゃないか。
羊飼い3　ぼろっちい馬小屋があるだけだ。
羊飼い1　やっぱりかんちがいだったかな。
羊飼い2　でも、ほら、星が……星が……うわあ、まぶしい！

▼星の光が大きくなり、赤ちゃんのうぶごえが聞こえる。

羊飼い3　き、聞いたか?!　子どもがうまれたぞ！
羊飼い1　お、おお！
羊飼い2　な、中に入ってみよう！
羊飼い3　で、でも、おれたちこんなかっこうだし……。

▼そこへ、三人の天使があらわれる。

天使1　おゆきなさい、恵まれた人たち。
天使2　今、ここに神のみ子がおうまれになりました。
天使3　あなたがたは、さいしょにみ子をおがむ者になるのです。
羊飼いたち　神のみ子?!
羊飼い1　でも、どうしてぼくたちなんかが……？
羊飼い2　そうだ。いちばん貧乏で、いちばんみじめで、いちばんさびしいおれたちが。
羊飼い3　住むところもなくて、外で羊の番をするしかないおれたちが。

羊飼いたち　まっさきに神のみ子にお会いできるはずがありません。

天使1　いいえ、あなたたちこそふさわしい。

天使2　心から神をあがめる人たち。

天使3　貧しくても、さびしくても、神に感謝することができる人。

天使1　貧しいからこそ、さびしいからこそ、きよい気持ちをもつことができる人。

天使2　ものやお金をもたないからこそ、本物の救いをもとめることができる人。

天使3　さあ、おゆきなさい。神のみ子があなたたちをまっています。

▼天使たち、首を横にふる。

▼三人の羊飼い、ころがるようにして馬小屋のなかにはいる。

▼かいばおけの前に、マリアが赤ちゃんをだいてすわっている。
▼その横に、よりそうようにしてヨセフがひざまずいている。

羊飼い1　ああ！　なんと神々しい！　まさしく神のみ子だ！

羊飼い2　こんなところにも、神様は来てくださるんだなあ。

羊飼い3　こんなおれたちにも、神様は会ってくださるんだなあ。

マリア　みなさんをお待ちしておりました。さあ、この子に祝福を。

ヨセフ　ほかの人はみんな眠っています。

マリア　あなたがただけが、目をさましていたのです。

ヨセフ　このきよい夜に。

マリア　みなさんのうえに、神様のみ恵みが豊かにありますように。

羊飼い1　も、もう恵まれています！

羊飼い2　このうえなく豊かに。

羊飼い3　神に栄光あれ！

▼三人、赤ちゃんをのぞきこみ、祈りをささげ、馬小屋を出る。

羊飼い1　ああ、なんとすばらしい時間だったんだ。さあ、行って、このことをみんなに伝えよう。

羊飼い2　だれも相手にしてくれないだろうけどな。

羊飼い3　いいじゃないか。聞く耳を持つ人だけ聞けばいいさ。

羊飼い1　見ろ、いつものように夜が明ける。でも、なんだかいつもとちがう朝だ。

羊飼い2　何もかもがちがって見える。希望があるからな。

羊飼い3　よろこびも。

羊飼い1　生まれてきてよかったな。

羊飼い2　ああ。生きていてよかった。

羊飼い3　神のみ子がお生まれになったんだものな。今日からはちがう世界だ。この世界全体が、神の宮殿なんだっていうことがわかったよ。おれたちは、神様の国に生きているんだ。

▼三人、楽しそうにスキップしながら上手に去る。

東方からの道

▼三人の博士、贈り物をもって歩いている。

博士1　さて、神のみ子はどこにおられるのだろうか。そろそろ、おうまれになった場所に近づいてきたはずだが。

博士2　星があらわすしるしによると、すでに謁見を果たした人たちがいるらしい。

博士3　それはよほど偉い人物にちがいない。聞くところによると、ヘロデという王さまがこのあたりを治めているとか。神のみ子に最初に会ったのはその王さまかもしれないな。たずねて行って聞いてみよう。

ヘロデ王の屋敷

▼ヘロデ王が玉座に座っている。三人の博士、その前に進み出る。

博士1　ユダヤ人の王としてお生まれになった方はどこにいらっしゃいますか？

博士2　わたしたちは、東の方でその方の星を見たので、拝みに来たのです。

ヘロデ王　なに。ユダヤ人の王、となっ。

ヘロデ王　（独白）そんなやっかいなものが生まれたとしたら放ってはおけぬ。さっさと見つけ出して始末してしまわなければ。

ヘロデ王　（作り笑いをして）それはそれは、ようこそわれらがイスラエルの地へ。

ユダヤ人の王には、わたしもまだお会いしていないのですよ。反対に、居場所がわかったら、わたしにも教えていただけませんかな。わたしもぜひおがみに行きたいので。

博士3　わかりました。では、見つかりしだいお教えします。

ヘロデ王　おお、お待ちしていますよ。今夜はぜひこちらにお泊りください。ごちそうと、極上の寝床を用意させますからな。

博士たち　ありがとうございます。

▼博士たち、下手に去る。
▼ヘロデ王、苦虫をかみつぶしたような顔でしばらく考えこんでいる。

ヘロデ王　このわたしよりも偉大な王など、ぜったいにゆるさーん！　見つけ次第殺してしまえ！

▼ヘロデ王、上手に去る。

道

▼三人の博士、上手から歩いている。

博士1　ゆうべはごちそうになったなあ。

博士2　いやはや、ヘロデ王にはすっかり世話になった。娘さんの踊りもみごとだったしな。おかげできのうは星も見ないで眠ってしまった。

博士3　しかし、神のみ子の居場所がわからないのは困った。ヘロデ王もまだお会いになっていないとすると、最初に拝んだのはどんな方々なのだろうか。

博士1　しかたない。夜になって星が出るのを待つしかないな。

博士2　おや、むこうからだれか来るぞ。なにかお祝い事でもあるのかな。踊りながら歩いてくる。

博士3　ずいぶんみすぼらしいかっこうじゃないか。お祝いに招待されている感じじゃないぞ。

▼三人の羊飼い、下手からうれしそうに、はねるように歩きながらやってくる。

羊飼い1　みんな、聞いてくれ！　神のみ子がお生まれになったんだ！

羊飼い2　神様がみ子をつかわしてくださった。

羊飼い3　神のみ子は、おれたちみたいな羊飼いとも会ってくださるんだ！

▼三人の博士、顔を見合わせる。

博士1　すみません、あなたがたは神のみ子にお会いになったのですか。

博士2　その方は、どこにいらっしゃるのですか？

博士3　ぜひわたしたちを案内してください。はるか東のかなたの国から、贈り物をもってきているのです。

羊飼い1　ああ、あなたがたは、ぼくたちの言うことに耳をかたむけてくださるんですね。

羊飼い2　おれたちの話を信じてもらえたのは初めてだ！

羊飼い3　ぜひ案内させてください！　場所はみすぼらしい馬小屋だけど、赤ちゃんをひとめ見ればわかります。まさに神のみ子だ、と。

▼三人の博士と三人の羊飼い、下手に去る。
▼上手より、三人の天使、あらわれる。

天使1　こうして、三人の博士は、神のみ子に会うことができました。

天使2　そして、夢で「ヘロデ王のところに帰るな」というお告げを受けたので、ほかの道を通って東の国に帰っていきました。

天使3　馬小屋で生まれた赤ちゃんは、母マリアと父ヨセフによって「イエス」となづけられました。

天使1　神様の子どもが生まれたおかげで、世界は神の国になりました。

天使2　これは二千年前のできごとです。けれども、今も続いているできごとです。人々はイエス様のおかげで救われ、今もこの世界は神様の国なのです。

天使3　クリスマスは神のみ子の誕生を祝う日です。今日、プレゼントがもらえて、ケーキが食べられるのも、世界でいちばんすばらしいできごとを記念する日だからなんですよ。

天使たち　メリークリスマス！　み恵みが豊かにありますように！

クリスマス・キャロル

原作　チャールズ・ディケンズ
脚本　小松原宏子

クリスマス・キャロル

登場人物

- スクルージ
- マーレイ
- ボブ
- 紳士
- 少年（スクルージの少年時代）
- フェジウィッグ
- ボブの奥さん
- ボブの娘
- ティム
- 老人（スクルージの未来の姿）

スクルージ・マーレイ商会事務所

スクルージ　なんだ、事務員、その態度は！

ボブ　ええ？　はあ……。

スクルージ　わざと寒そうにしているな。わしが暖房費を惜しんでいることへのあてつけか？

ボブ　いえ、そのようなことは……。

スクルージ　ふん、かまわんさ。おまえがどんなに寒そうにしようと、わしは石炭ひとつだって、能無しの事務員のために使おうなんて思わんからな。

紳士　こちらはスクルージ・マーレイ商会ですね。ご主人はいらっしゃいますか。

スクルージ　わしが主人だが。何の御用ですかな。

紳士　こんにちは。わたしはそこの教会で役員をしているものです。ええと、スクルージさん、それともマーレイさんですかな。

スクルージ　マーレイは死にましたよ。七年も前にね。看板の名前はそのままになっていますがね。かけかえるには金がかかりますからな。わしはスクルージだ

《演出・解説》

▼入り口に「スクルージ・マーレイ商会」の看板。
▼スクルージと事務員ボブ、並んで仕事をしている。ボブ、寒そうに両手をこすりあわせる。スクルージ、じろりとボブをにらみつける。

▼ノックの音がする。スクルージはふりむきもしない。ボブはちらちらと戸口を見る。かっぷくのいい紳士が入ってくる。

が、実際、どう呼ばれようと関係ないのさ。金さえ払ってもらえればね。あんたはもうけ話をもってきたのかね。それならどうぞいらっしゃいませ。金にならない話なら、とっとと帰るんだな。

紳士　クリスマス・イブの日にはふさわしくない冗談ですな。貧しい人々のあたたかいクリスマスのために、あなたのふところのたくさんのお金のうち、ほんのわずかをわけ与えていただけませんでしょうか。

▼ボブが、思いっきり肩をすくめる。

スクルージ　それこそおもしろくない冗談だ。なぜわしが赤の他人のために、汗水たらしてかせいだ金をただでやらなきゃならんのだ。そいつらには、仕事をしろと言ってやれ。働いて、自分で稼げ、とな。

紳士　おさない子どもや、体の弱い人々のために……。

スクルージ　帰った帰った。わしには関係ない。子どもや病人にほどこしだと？　ばかばかしい。そんなむだな金は、このスクルージ、一文も払わんぞ。

紳士　神よ、この方にお恵みを。イエス様の慈悲のお心の百万分の一でも、この気の毒な老人に与えられますように。（ボブに向かって）メリークリスマス。

▼紳士、出ていく。

ボブ　（小さな声で、その背中に）メリークリスマス。

スクルージ　やい、事務員、今、何といった？

ボブ　あ、いえ……。

スクルージ　むだぐちをたたくな。その分給料を減らすぞ！

▼時計の鐘が鳴る。ボブ、遠慮がちにかたづけをはじめる。

ボブ　あの、そろそろ……。

▼スクルージ、だまってボブをじろりと見る。

ボブ　あのう、明日はクリスマスなのでお休みをいただけますか。

スクルージ　きこえなーい！

ボブ　あの、家族が……。

スクルージ　おまえ、まだ仕事が残っているだろう。

▼ボブ、ためいきをつく。

ボブ　今日だけは早く帰らせてください。奉公に出ている娘も帰ってきますし、今夜は家族そろってクリスマスのごちそうを……。

スクルージ　おまえは、給料が少ないと文句を言っているわりには、今夜はごちそうかね。けっこうなことだ。しかし、そのためにわしがおまえの分まで働く必要はない。今日早く帰る分、明日は早く来て働け。

ボブ　え、クリスマスなのに……。

スクルージ　いやなら、来なくていいぞ。

ボブ　ほんとうですか？

スクルージ　永久にな。つまり、クビだ。

ボブ　明日、来ます。いつもより早く。

スクルージ　あたりまえだ。

ボブ　あの……。

スクルージ　まだなにか文句があるか。

ボブ　メリークリスマス、スクルージさん。

スクルージ　（ものすごい剣幕で）くだらんことを言うな。ほんとにクビにするぞ！

▼ボブ、逃げるように出ていく。
▼スクルージ、ひとりでぶつぶつ言いながら仕事をする。そこへ、マーレイの幽霊が鎖を引きずって入ってくる。

スクルージ　（ぎくっとして）だれだ?!

マーレイ　おれだよ。おまえの商売仲間のマーレイだ。

スクルージ　マーレイは七年前に死んだんだぞ。

マーレイ　そうだよ。マーレイのユーレイだ。なんちゃって。

スクルージ　うそだ……いや、しかし、その顔は確かにマーレイ。やめてくれ、死んだ人間が何をしに来たんだ。あのとき百円返さなかったことを恨んで化けてきたのか？

マーレイ　それもあるが。

スクルージ　あるんだ。

マーレイ　それよりおまえに教えてやろうと思って来たんだ。家族も友人も見捨てて金儲けに走った男が、死んだあとどうなるかってことをな。この鎖は、他人をいじめた回数の分だけ長くなるのさ。おまえさんの鎖は、おれのよりもすでに七年分長くなってるよ。そしてこれからもっともっと長く、重くなって、おまえさんのたましいをしめつけるのさ。

スクルージ 何の話だ。さっぱり意味がわからんね。

マーレイ わからせてやるよ。今夜おまえは、自分の過去と現在と未来を見るんだ。ほら、むかしのおまえがやってきたよ。まだ純粋な少年だったころのおまえがな。貧乏で、だれからも相手にされない子どもだったけれど、フェジウィッグさんがおまえをひろってくれたんだったな。

▼ひとりの少年、入ってくる。

スクルージ おお、あれはたしかに昔のわしだ。自分で言うのもなんだが、なかなかの美少年だった。

マーレイ 金の亡者になってから、今のような、いかにも強欲でみにくい顔になってしまったのだ。

スクルージ よけいなおせわだ。人のことが言えるか。

▼少年、すわって頭をかかえこむ。

少年 ああ、だれもぼくを相手にしてくれない。クリスマス・イブだというのにだれも食事にさそってもくれない。「メリークリスマス」と声をかけてくれる人もいない。なんて悲しいさびしい夜なんだ……。

▼そこへ、フェジウィッグ老人、入ってくる。

フェジウィッグ おお、かわいそうなスクルージ。今夜わたしの家においで。音楽を聴かせて、ごちそうをしてあげよう。プレゼントもあるぞ。

少年　（ぱっと顔をかがやかせて）ほんとうですか？　フェジウィッグさん！
ありがとうございます！　うれしいです！

フェジウィッグ　いいんだよ。わたしの家族もきみを歓迎するよ。さあ、行こう。

▼ふたり、手を取り合って出て行く。

スクルージ　ああ、フェジウィッグさん！

マーレイ　ばかな男だよな。

スクルージ　何だと！

マーレイ　赤の他人の子どもにほどこしをするなんて、金のむだ使いだと思わないか。

スクルージ　何とひどいことを。

マーレイ　さっき、おまえさんがそう言ったんじゃないか。

スクルージ　む……。

マーレイ　まあ、いいじゃないか。それより、こんどは現在だ。今のおまえさんの姿を見せてやろう。といっても、今のおまえはここにいるから鏡を見ればいいことだ。しかし、せっかくだから、ちょっとした知り合いの家に行こうじゃないか。

スクルージ　わしには、ちょっとした知り合いなんてものすらいないね。おまえさんと同じだ。知り合いといえるのは、取引先の顔見知りだけさ。

マーレイ　そうかな。まあ、見てみろ。

スクルージ　あ、あれは、うちの事務員。

マーレイ　毎日いっしょに仕事をしている男だ。名前で呼んでやれ。

スクルージ　「事務員」と呼んだことしかないぞ。

マーレイ　ボブというんだ。となりにいるのはその奥さん。それに、息子のティム。

スクルージ　かわいい子だ。事務員に似ているな。

マーレイ　うむ。父親似なんだ。かわいそうなティムは体が弱いんだが、医者に見せることもできない。ボブの給料が安いんでね。

▼ボブとその奥さんと、息子のティムが食卓を囲んでいる。

▼娘が七面鳥をかかえて入ってくる。

娘　メリークリスマス、パパ、ママ！　やっと奉公先からお休みがもらえたわ。お給料もいただいたから、ごちそうを買ってきたのよ。さあ、食べて。

奥さん　ありがとう。スクルージさんがお給料をちっとも上げてくれないから、おまえにも苦労をかけるね。

娘　あたしの苦労なんてなんでもないわ。意地悪なスクルージさんのもとで毎日がまんしているパパの苦労にくらべたら。それに、かわいそうなティム。あたしたちがどんなにがんばっても、お医者に見せてあげられないなんて。

奥さん　その話は今夜はやめましょう。クリスマス・イブですもの。きっと神様のお恵みがあるわ。

娘　そうね。こうして家族がそろってテーブルにつけるだけでも幸せだと思わ

ボブ　なくちゃ。あのスクルージさんは今ごろひとりで寒々しい部屋で金勘定をしていることでしょうよ。

奥さん　スクルージさんにも神様のみ恵みがありますように。あるわけないわ。

ティム　そんなこと言ったらかわいそうだ。ぼく、スクルージさんのためにお祈りするよ。

娘　ティムはあの人のことを知らないからそんなことが言えるのよ。

ティム　クリスマスにはだれにでもイエス様の愛が注がれるって、教会の先生が言ってたよ。神様、スクルージさんがあったかいクリスマスを過ごしていますように。アーメン。

家族一同　アーメン。

スクルージ　あの一家は、こんなわしのために……。

マーレイ　まったくむだなことだがな。おまえさんにとっても一文の得にもなるまい。

スクルージ　んん……。

マーレイ　いくら祈ったところで、どうせあの子どもは助からんのだ。まあ、おろか者の家族のことは放っておいて、次はおまえさんの未来だ。

スクルージ　いや、もう、見たくない。

マーレイ　そうはいかないさ。ここからがいいところだ。おまえは自分のしていることが、この先どんな結果をもたらすか、前もって見ることができるのさ。自分の預金通帳がどのくらいの額にふくれあがるか、知りたくはないかね。

スクルージ　わしの……貯金？　いったいいくらになるんだね。

マーレイ　まあ、見てのお楽しみだ。

▼ひとりの老人があらわれ、いすにすわり、預金通帳を開いて見る。

マーレイ　あれが、おまえさんの未来の姿だ。

スクルージ　ますますひどい顔になっているな。

マーレイ　通帳を見て、にやけているぞ。よほどの額になったのだな。事務員の給料をけちって、子どもの医者代も出してやらず、クリスマスにびた一文も寄付をしなかったおかげだ。よかったじゃないか。

▼スクルージ、老人の通帳をのぞきこもうとする。

老人　一、十、百、千、万、十万、百万、千万、一億…うひゃひゃひゃひゃひゃ。

▼老人、ひきつった笑い声をあげ、ぱたりと前に倒れる。

スクルージ　どうしたんだ。

マーレイ　よろこびすぎて、今死んだんだよ。よっぽどたまったと見える。これで人生の目的は果たしたな。よかったよかった。

スクルージ　何がいいんだ。あれがわしのさいごか。

マーレイ　そうだ。預金通帳を見ながら死ぬんだ。

スクルージ　やれやれ。天国に金を持って行かれるわけでもないのに。

マーレイ　それこそいらぬ心配だ。おまえさんは天国など行きやしないんだから。

スクルージ　じゃあ、どこへ行くんだ。

マーレイ　おれといっしょに鎖を引きずって、いつまでもそのへんを歩き回るのさ。

スクルージ　鎖だって!?

▼紳士が来て、老人の手に鎖を巻く。

紳士　あなたはクリスマス・イブに寄付を集めていた教会の役員に暴言をはきましたね。

▼ボブが来て、またひとつ鎖を巻く。

ボブ　あなたは、まじめな使用人のために石炭ひとつ燃やしてくれなかった。

▼ボブの奥さんが来て、またひとつ鎖を巻く。

奥さん　あなたは、身を粉にして働いた使用人に、正当な給料を支払わなかった。

▼ボブの娘が来て、またひとつ鎖を巻く。

娘　あなたは、自分のために働いた人の家族をかえりみることすらしなかった。

▼ティムがあらわれる。

ティム　スクルージおじさん、もうみんなとお別れはすませたの？　ぼくは、パパやママやお姉ちゃんと、もうお別れをしてきたよ。

スクルージ　何てこった！　あの子は助からなかったのか。

ティム　スクルージおじさん、ひとりでだいじょうぶ？　ぼくは、天使たちが待っているから、もう行くね。おじさんにもみ恵みがありますように

▼ティム、老人のせなかをやさしくたたいて去っていく。老人、ゆっくり立ち上がり、鎖を引きずって去っていく。

スクルージ　あれがわしの未来か…。マーレイ、未来は変えることはできないのか。

マーレイ　今のままだったら無理だね。

スクルージ　今のままでなかったら？

マーレイ　現在を変えれば、未来も変わるさ。でも、現在のままなら、未来も今見たとおりになるのさ。

スクルージ　わしが変われば、ティムは助かるのか。

マーレイ　ティムだけじゃない、もっとたくさんの子どもたちが助かるだろうよ。そして、そうなれば、おまえの心を入れ替えたことで、このおれの鎖も断ち切れるんだ。

スクルージ　そうしてやろう、マーレイ。いっしょに天国に行かれるだろうか。マーレイ……マーレイ？

▼マーレイ、去る。スクルージ、立ちつくす。外で教会の鐘が鳴る。

スクルージ　夢を見ていたのか？　外は朝だ。クリスマスの朝か……ふしぎだ。今までクリスマスだからといって、何か感じたことなどなかったのに。

▼ボブ、急いで入ってくる。

ボブ　もうしわけありません！　もっと早く来るつもりだったのですが、ゆうべ楽しすぎて、つい……。

スクルージ　（じろりとにらんで）ねぼうしたというのか。事務員の分際で。

ボブ　（ふるえあがって）も、もうしわけありません！

スクルージ　おまえ、どうなるかわかってるだろうな。

ボブ　ひーっ、どうなるんでしょうか。

スクルージ　決まっているだろう。今日から……。

ボブ　きょ、今日から……？

スクルージ　今日から……おまえの給料を上げてやるのさ！　さあ、この金をもってごちそうとおもちゃを買いに行け。今からおまえの家へ行くぞ。いっしょにクリスマスを祝おうじゃないか。メリークリスマス、ボブ！

ボブ　ぼ、ボブ!?

スクルージ　さっさと行って来い！　特大の七面鳥が売り切れないうちにな！

ボブ　は、はい！

▼ボブが出て行く。スクルージ、戸口に立って見送っていると、紳士が通りかかる。

スクルージ　やあ、昨日の教会のお方。

紳士　これはこれは……スクルージさん。

スクルージ　あなたはまだ貧乏人のために寄付を集めているのですかな？

スクルージ　待ってくださいよ。わしは、あなたの教会と、この町の困っている人々のために、ちょっとした寄付をしようとしているのですから。

▼紳士、眉をあげて、立ち去ろうとする。スクルージ、その腕をつかむ。

▼スクルージ、紳士にそっと耳打ちする。

紳士　なんと！　それほどの金額を⁉　いいんですか？　スクルージさん。

スクルージ　もちろんです。神様と人々のためにお役立てください。

紳士　ああ、ありがとうございます。み恵みが豊かにありますように。

スクルージ　私のために祈ってくださるのですか？　ほかの人から祈ってもらえるというのは、なんと幸せなことでしょう！　人生にこんな喜びがあるとは。ああ、事務員……じゃない、ボブが帰ってきた。明日、ティムぼうやを医者に連れて行こう。でも、その前に、今日は町じゅうのひとりぼっちの子どもたちを招いてパーティーをするんだ。忙しくなるぞ。

▼マーレイ、あらわれる。

マーレイ　やれやれ、なんというお調子者だ。そんなことで、何十年もつないできた鎖がなくなるとでも思っているのか。

スクルージ　いいんだよ。死んだあとの鎖のことなんてどうだって。今日、神様がみ恵みをくださった。それだけでおれは十分幸せなんだ。今日のこのクリスマスの気もちと引き換えなら、この先いくらだって鎖を引きずるぜ。なんならおまえの分もな、マーレイ。わしの目をさましてくれたお礼だ！

▼その瞬間、マーレイの鎖がほどける。

マーレイ　おお！　神よ！　感謝します！

スクルージ　メリークリスマス、マーレイ！

マーレイ　メリークリスマス、スクルージ！　メリークリスマス、みなさん！

▼全員、出てくる。

全員　メリークリスマス！　み恵みが豊かにありますように！

くつ屋(や)のマルチン

原作(げんさく)　トルストイ
脚本(きゃくほん)　小松原宏子(こまつばらひろこ)

くつ屋のマルチン

登場人物

- マルチン
- ナレーター
- イエス様（声）
- 道路そうじの老人
- 女の人
- 赤ちゃん（声）
- 男の子
- おばあさん
- 警官1
- 警官2

マルチンの仕事場

ナレーター　ここは、くつ屋のマルチンの家。明日はクリスマスという夜、マルチンはひとりで仕事をしています。

マルチン　ああ、雪が降ってきたようだ。

マルチン　ああ、さびしいなあ。明日はクリスマスだというのに、わたしはひとりぼっちだ。子どもは遠くに行ってしまったし、妻にも先立たれた。イエス様は、いつもそばにいてくださると聖書には書いてあるが、姿を見たことはないしなあ。やっぱりわたしはいつだって、ひとりぼっちだ。クリスマスだというのに、家族も友達も、会いに来てはくれないんだからなあ。

イエス様（声）　マルチン、マルチン、マルチン。

《演出・解説》

▼マルチン、いすにすわって、くつを修理している。ときどき、背筋を伸ばして、肩をほぐしながら、ためいきをつく。
▼ナレーター、登場。

▼ナレーター、退場。
▼マルチン、窓の外を見る。

▼マルチン、作りかけのくつを置く。

▼マルチン、おどろいたように顔をあげ、あちこちを見回す。

マルチン　どなたですか、わたしを呼ぶのは。

イエス様（声）　マルチン、わたしだよ。さびしがることはない。わたしは、いつもあなたのそばにいる。

マルチン　まさか……今のことばをお聞きになったのですか。あなたは、イエス様なのですか。

イエス様（声）　そのとおりだよ、マルチン。わたしは明日、あなたに会いに行く。待っていておくれ。

マルチン　ほんとうですか？　明日、イエス様がわたしに会いに……ええ、お待ちしています。早起きをして。ごらんのとおりの貧乏ぐらしで、何のおもてなしもできませんが……。

▼マルチン、立ちあがる。

マルチン　イエス様、イエス様。

▼マルチン、いすにすわる。

マルチン　空耳だったのかなあ。いや、でも、はっきり聞こえた。明日、来てくださるとおっしゃった。そうだ、こうしてはいられない。明日のおもてなしの準備をしなければ。何がいいかなあ。あったかいシチューがいいかなあ。

▼マルチン、そわそわしながら、部屋を出て行く。
▼ナレーター登場。

ナレーター　マルチンは、ひとばんじゅう眠れませんでした。いよいよイエス様に会えると思ったら、胸がどきどきしてしまったのです。明け方、ようやく眠りについたマルチンは、日が高くなってから目を覚ましました。

▼ナレーター退出。
▼マルチン、部屋に入ってくる。

マルチン　たいへんだ、すっかりねぼうをしてしまった。まさか、もうイエス様が来てしまったなんていうことはないだろうなあ。

▼マルチン、あたりをみまわし、それから、外に出る。
▼そこへ、道路そうじの老人が通りかかる。

マルチン　おはようございます。朝からありがとうございます。

老人　おはようございます。すっかり雪が積もりましたな。

マルチン　朝から雪かきをしてくださっているのですか。

老人　さよう。朝まだ暗いうちからずっと。

マルチン　それはそれは。そのあいだ、どなたかここを通りましたか。いや、わたしは今日、お客さまが来ることになっているのですが、何時にいらっしゃるかわからないので、もしかしてもういらしてしまったかと心配なのです。

老人　それならご安心を。夜が明ける前から今まで、この通りは掃除夫のわたし以外だれも通っていませんよ。

▼マルチン、胸をなでおろすしぐさをする。

マルチン　それはよかった。ありがとうございます。それにしても、寒い中ずっと外でお仕事をされて、すっかり冷え切ってしまわれたことでしょう。さあ、どうぞわたしの家にお入りください。ごちそうはありませんが、熱いお茶と少しのおやつをおめしあがりください。

老人　それはたいへんありがたい。それでは、おことばにあまえて、おじゃまいたします。

▼マルチンと老人、部屋に入る。
▼老人、いすにすわる。
▼マルチン、お茶をいれてすすめる。
▼老人、お茶を飲む。

老人　ああ、あったまった。なんとおいしいお茶でしょう。わたしは何十年と道路そうじの仕事をしていますが、こんなふうに招いてもらってねぎらっていただいたのは初めてです。あなたは本当に心のあたたかいお方だ。

マルチン　あったまっていただけてよかったですよ。何もないところですが、いつでもまた来てください。

老人　ありがとうございます。これでまた元気に働けますよ。

マルチン　さようなら。よいクリスマスを。

老人　よいクリスマスを。さようなら。

▼老人、退出。

マルチン　ああ、何だかこっちの心まであったまったような気がするなあ。おお、それはそうと、イエス様はまだお見えでないかな。

赤ちゃん（声）　ンギャーンギャー（泣き声）。

▼マルチン、そわそわと外のようすをうかがう。

マルチン　おや、何か、声がするぞ。

▼赤ちゃんを抱いた女の人　登場。

女の人　おお、よしよし、おなかがすいたねえ。寒いねえ。ああ、どうしたらいいんだろう。

マルチン　おお、どうしなすった。こんな寒い雪のなかで。

女の人　朝から何も食べていなくて、おちちが出ないのです。この子が泣き止まないので外に出てあやしていましたが、上着もなくて寒くてたまりません。

マルチン　それはたいへんだ。さあ、中へお入り。あったかいシチューをごちそうしよう。

▼女の人とマルチン、部屋へ入る。
▼マルチン、シチューをよそってすすめる。

女の人　いただきます。（シチューを飲む）ああ、おいしい。体の芯まであったまります。これで、この子にもおちちを出してあげられます。

マルチン　それはよかった。さあ、このショールをもっておゆき。わたしの奥さんのものだったけれど、今はもう使う人もいないから。

女の人　そんな大切なもの、いただけませんわ。

マルチン　いいんだよ。赤んぼうもくるんでおやり。

女の人　ありがとうございます。ありがとうございます。

▼女の人、立ち上がり、何度もおじぎをしながら出て行く。
▼マルチン、戸口まで見送りに行く。

女の人　さようなら。神様のみ恵みがありますように。

マルチン　さようなら。よいクリスマスを。

▼女の人、去る。
▼マルチン、部屋にもどる。

マルチン　さあて、シチューをあたためなおすとしよう。イエス様がいついらっしゃるかわからないからな。

男の子（声）　はなせよう、はなせよう！

マルチン　おや、何ごとだろう？

▼マルチン、戸口まで行って外を見る。
▼そこへ、りんごを持った男の子が走ってくる。
▼続いて、おばあさんが男の子を追ってくる。おばあさん、男の子をつかまえる。

おばあさん　そおれ、つかまえた。そのりんごをかえせ。このどろぼうねこ！

男の子　はなせよう、これはおれのりんごなんだ。

おばあさん　あたしの店からぬすんだんじゃないか。そら、りんごを返しなさい！

▼おばあさん、男の子をたたく。

男の子　いたいよう、はなせよう。

マルチン　おばあさん、およしなさい、こんな小さな子に。

▼マルチン、おばあさんのうでをおさえる。

おばあさん　小さかないよ。

男の子　なんだよ。おれがぬすんだっていう証拠でもあるのかよ。

おばあさん　だってそれは、あたしのりんごだよ。

男の子　なんでわかるんだよ。

おばあさん　ちゃんと名前が書いてあるもの。

男の子・マルチン　ええ!?

▼マルチン、りんごをとって見る。

マルチン　あ、ほんとだ。「あたしの」って書いてある。

男の子　ちぇっ。ばれたか。

おばあさん　おまわりさん、おまわりさん、どろぼうですよーっ。

▼警官1・2、走ってくる。

警官1　どろぼうだって!?

警官2　たいほする！

▼警官2、おばあさんをつかまえる。

おばあさん　あいたた、あたしじゃないですよ。この子をつかまえてくださいな。

マルチン　まあ、まあ。ゆるしてやってください。おかねはわたしがはらうから。

警官1　あ、そうですか。

警官2　それではよろしくおねがいします。

おばあさん　え、帰っちゃうの？

警官1　ええ。今日はクリスマスですから。みなさん、メリークリスマス！

マルチン・男の子　メリークリスマス！

警官2　メリークリスマス！

▼警官1・2、去る。

男の子　おじさん、ありがとう。

マルチン　どういたしまして。もう二度とこんなことをしてはいけないよ。おばあさんだって、苦労してやっとりんごを仕入れているんだ。りんごが売れないとおばあさんだっておなかがすいて死んでしまうんだよ。おばあさんがちゃんとお金をはらって仕入れたものを、おまえさんが勝手に取っていっていいことはないだろう？

男の子　うん、そうだね。ぼく、悪かったよ。

おばあさん　わかればいいんだよ。

男の子　ゆるしてくれる？

おばあさん　ゆるしますとも。

男の子　ありがとう、おばあさん。

▼マルチン、うれしそうに、うんうん、とうなずく。

マルチン　おばあさん、雪が積もっていますからね。気をつけて帰ってくださいよ。

男の子　ぼく、送っていくよ。

▼男の子とおばあさん、手をつないで帰っていく。
▼マルチン、手をふって見送る。

マルチン　ああ、よかったなあ。

▼マルチン、寒そうに身震いする。

マルチン　おお、すっかり冷え切ってしまった。家の中に入るとしよう。そろそろイエス様がいらっしゃるかもしれないからなあ。

▼マルチン、部屋に入る。

マルチン　ああ、いつのまにか、もう夜だ。こんなに暗くなってからでは、イエス様ももうここにはいらっしゃらないだろう。

▼マルチン、いすにすわる。

マルチン　考えてみたら、イエス様がこんなところにわざわざいらっしゃるはずがないよなあ。昨日の声はきっと空耳だったんだ。さあ、聖書を読んで寝るとするか。クリスマスの日も暮れた。明日からまたくつの修理をするとしよう。

▼マルチン、聖書を開いて読み始める。

イエス様（声）　マルチン、マルチン。

▼マルチン、はっとして顔をあげる。

イエス様（声）　今日は、おまえの家に行って楽しかった。たくさんもてなしてくれて、ありがとう。

マルチン　その声は、イエス様ですか。でも、今日あなたはいらっしゃらなかったではありませんか。

イエス様（声）　おや、あんなにはっきりと姿を見せて、話もしたのに、おぼえていないというのかね。

マルチン　あなたのお姿というのは……。

▼道路そうじの老人、現れる。

マルチン　あっ！　では、あなたが……？

▼赤ちゃんを抱いた女の人、現れる。

マルチン　あなたも……？

▼男の子と、おばあさん、現れる。

老人・女の人・男の子・おばあさん　マルチン、わたしがわからなかったのかね。

マルチン　そう……そうだったのですね。みんなイエス様だったのですね！

▼老人、女の人、男の子、おばあさん、退場。

マルチン　イエス様……今日、わたしの家に来てくださって、ありがとうございました。

イエス様（声）　そうか。わたしは今までもずっとあなたに会っていたのですね。そして、これからもきっと。
そう、明日もまた会いに行く。

▼マルチン、ひざまずいて祈る。
▼ナレーター登場。

ナレーター　こうして、くつ屋のマルチンは、クリスマスの一日をイエス様とすごしました。明日も、あさっても、マルチンのそばにはイエス様がいてくださることでしょう。そして、あなたのそばにも。わたしのそばにも。

▼マルチン、立ち上がって退場。
▼ナレーター、退場。

▼カーテンコール。
▼オールキャスト登場（おじぎ）。

かけをした
ふたりのおはなし

脚本（きゃくほん）　小松原宏子（こまつばらひろこ）

かけをしたふたりのおはなし

登場人物

- カイト（十歳）（十三歳）（二十五歳）（四十歳）（六十歳）（八十五歳）
- ケント（十歳）（十三歳）（二十五歳）（四十歳）（六十歳）（八十五歳）
- 女の人
- ぼうしをかぶった人
- カイトのおかあさん（三十五歳）（六十五歳）
- 通行人（歯医者に行こうとしている人）（八十五歳）
- カイトのおかあさんの犬の飼い主仲間
- ケント（十三歳）のともだち1
- ケント（十三歳）のともだち2
- カイト（二十五歳）のともだち1
- カイト（二十五歳）のともだち2
- 看護師
- ナレーター
- ケント（四十歳）の奥さん

公園のベンチ

《演出・解説》

▼カイト（十歳）とケント（十歳）がならんでベンチにすわっている。
▼ナレーター、上手から出る。

ナレーター　秋の日曜日の午後、小学生のカイトとケントが公園で遊んでいます。ふたりはどんぐりひろいをしたあと、ベンチにすわったところです。

▼ナレーター、上手に去る。

カイト　つぎは何して遊ぶ？
ケント　また「かけ」のゲームをしない？
カイト　いいよ。今日は何をかける？
ケント　さっきひろったどんぐりは？
カイト　いいね。じゃあ、まずはおんなじずつに分けよう。

▼ふたり、袋からどんぐりをだして半分ずつに分ける。

カイト　これで同じ数ずつからスタートだね。
ケント　よし。じゃあ、さいしょにここを通る人は、男の人か女の人か、かけよう。
カイト　ぼくは男だと思うな。
ケント　じゃあ、ぼくは女の人。

ケント　ぼくのかちだ。

ケント　じゃあ、つぎは、ぼうしをかぶってるかどうかかけよう。

カイト　ぼくは、かぶって……ないほうにかける。

ケント　じゃあ、ぼくは、かぶってるほう。

ケント　また、ぼくの勝ちだ。

カイト　ちぇっ。

カイト　ケント、つよいなあ。ぼく、負けてばっかりだ。

ケント　じゃあ、つぎはカイトが考えて。自分が勝ちやすいかけを決めていいよ。

カイト　うーん、じゃあ、次にここを通る人が犬をつれているかどうかかけよう。そしてぼくは、犬をつれているほうにかける。そろそろうちのおかあさん

▼女の人が歩いてきて、ふたりの前を通り過ぎる。

▼カイト、どんぐりをひとつケントにわたす。

▼ぼうしをかぶった人が歩いてきて、ふたりの前を通り過ぎる。

▼カイト、どんぐりをひとつケントにわたす。

ケント　がポチをつれてさんぽに来る時間だもの。ほかにも犬ともだちがたくさん来て、ここでおしゃべりするんだよ。
わかった。じゃあ、ぼくは犬をつれていないほうね。

▼カイトのおかあさん（三十五歳）が、子犬をだいてやってくる。

カイト　あ、おかあさんだ。やった！

▼そこへ、下手から通行人が走ってきて、おかあさんをぬかしてベンチの前をかけ抜け、上手に去る。

通行人　歯医者におくれるうううう!!

▼下手からカイトのおかあさんの犬ともだちが出てくる。
▼カイトのおかあさん、犬ともだちとしゃべりはじめて、ベンチの前まで来ない。
▼カイトとケント、しばらく通行人を見送って上手のほうを見ている。

カイト　はぁ～（ためいき）、ひどいなあ。

ケント　運が悪いね。でもまあ、ただの遊びだから。

カイト　遊びでもなんかくやしい。ぼくはいつだって運が悪いんだ。こないだも先着百名様にチョコレートバーをさしあげます、っていうスーパーのキャンペーンに並んだら百一番目だったし、児童館のかみしばいに行ったらちょうど床暖房の切れ目のところにすわらされたし、学校の席替えのくじを引いたら二回続けて先生の真ん前の席だし……神も仏もないよな。そうだ、神様なんかいない、っていうかけをやったらぼくは勝つだろうな。もちろんいないほうにかけるからね。

ケント　（笑いながら）じゃあ、ぼくはいるほうにかけるよ。

カイト　ぼくの勝ちだ。

ケント　そうかな。でも、先生の前の席って、いい席だと思うけど。

カイト　なんでだよ。いたずらがきしたらすぐに見つかるじゃないか。

ケント　でも、黒板もよく見えるし、勉強できるようになるんじゃないの？

カイト　じゃあ、いつでも代わってやるよ。

ケント　無理無理。クラスがちがうんだから。

カイト　ちぇっ。それもついてないな。

ケント　来年は同じクラスだといいね。はい、どんぐり。

カイト　ぼくの勝ちだから？　神様はいない、ってみとめる？

ケント　そうじゃないよ。でも、もう帰る時間だからさ。かけはただの遊びだったんだから、どんぐりは同じずつ持って帰ろうよ。

カイト　ちぇっ。なーんだ。どんぐりなんてどうでもいいよ。

ケント　まあ、そういわずに（どんぐりをさし出す）。

カイト　ふん、いらないのに（と言いながら手を出す）。

▼ケント、わらいながらカイトにどんぐりを渡し、ベンチから立って上手に去る。

カイトのおかあさん　（ふりかえって）カイト、かえりましょ。

▼カイト、しぶしぶ立って、おかあさん、おかあさんの犬ともだちと一緒に下手に去る。

駅前の商店街

▼ナレーター、上手から出る。

ナレーター　三年がたちました。小学生だったカイトとケントは、中学一年生になりました。ふたりとも私立の中学校を受験しましたが、ケントは受験に失敗して、地元の公立中学校に通っています。ある日の放課後、ふたりは駅前の商店街ですれちがいました。

▼ナレーター、上手に去る。
▼ケント（十三歳）、数人のともだちと下手から出てくる。みな、野球の道具をもっている。
▼私立の制服を着たカイト（十三歳）、上手からひとりで出てくる。

ケント　あ、カイト！　ひさしぶり！

カイト　ああ、ケント。ひさしぶり。

ケント　（ともだちに）先帰ってて。

ともだち1　オッケー。

ともだち2　じゃあな。

▼ともだち、上手に去る。

ケント　元気にしてる？　学校、どう？

カイト　おもしろくないよ。受験が終わってやっと遊べると思ったのに、毎日テストテストで。そっちはどう？　野球部入ったのか？

ケント　うん。毎日部活。こっちも遊んでるひまないよ。

カイト　でも、好きでやってることじゃないか。ああ、おれも野球やりてえな。小学校のときはおれのほうが強かったのに。

ケント　カイトはもう野球やってないの？

カイト　成績が落ちたんでやめさせられちゃったんだ。毎週テストの順位が貼りだされて、親にもメールが行くからさ。母親がカリカリしちゃって、やってらんないよ。

ケント　たいへんだなあ。でも、希望の中学に通えているんだから幸せじゃないか。

カイト　幸せ？

ケント　ああ。

カイト　幸せなものか。そもそも、おれの学校なんて、ケントが受けた学校よりずうっとレベルがひくいとこだし。

ケント　やめてくれよ。受けただけで、受かってないんだから。

カイト　なあ……。

ケント　ん？

カイト　ケントも不幸なのか？　……その、運悪く希望の中学に落ちちゃって。

ケント　落ちたのは運が悪かったからじゃないよ。力不足だったんだ。そりゃあ、落ちたときはショックだったけど……別に不幸じゃないよ。

カイト　ふうん。そうか……。野球もできるし……ともだちもたくさんいるみたいだしな。

ケント　カイト、どうかしたの？
カイト　いや、なんでもない。なあ、小学校のときにかけをしたの覚えてるか？
ケント　かけのゲーム？　なつかしいな。よくやったよね。次に来る人、ぼうしかぶってるかどうか、とか。
カイト　ああ。そのとき、神様がいるかどうか、かけたの覚えてる？
ケント　そうだっけ。それで、カイトはどっちにかけたの？
カイト　いないほうだよ。神様はいない、っていうほうにかけたんだ。
ケント　それで、結果は？
カイト　わかんないよ。いまだにわかんないんだ。奇跡的に受験に受かったときは、神様っているんだ、って気がしたけどね。
ケント　でもさ、そのかけってさ、どうしたら勝ち負けがわかるんだい？　神様を見た人はいないんだからさ。いることもいないことも証明できないじゃないか。
カイト　願いごとがぜんぶかなえば、いることになるんじゃないの？
ケント　願いがかなわなかったら、いないってことになる？
カイト　そうだと思うよ。ケントは、今同じかけをするとしたら、どっちにかける？
ケント　さあ……。でもまあ、神様がいないと思うよりは、いると思うほうが楽しそうな気がするなあ。
カイト　そうか。でも、おれは今そのかけをしたら、またいないほうにかけるよ。

▼カイト、下手に向かって歩き出す。

ケント　（カイトのせなかに向かって）あ、ポチによろしくな。

カイト　（ふりかえって）死んだよ。

▼カイト、下手に去る。
▼ケント、しばらく見送っているが、やがてきびすをかえして上手に去る。

酒場

▼酒場のテーブルのまんなかの席に、上等そうな服を着たカイト（二十五歳）がすわっている。その両脇にひとりずつ、カイトのともだち。
▼テーブルにはごちそうが並び、ふたりのともだちが交互にカイトに酒をついでいる。
▼カイト、酔っ払っているように目をとじて頭がぐらぐらしている。
▼ナレーター、上手から出る。

ナレーター　十年たって、カイトとケントは二十五歳になりました。カイトは、お金持ちの両親から、遺産としてもらえるはずのお金を先にもらって、ぜいたく三昧のくらしをしています。

▼ナレーター、上手に去る。

ともだち1　さあ、もっと飲んで飲んで。

ともだち2　上等な酒をたくさん注文しようぜ。カイトの金で。

ともだち1　ほんとは、カイトのお父さんの金だけどな。

ともだち2　どっちでもいいさ。おごってもらえるなら。さあ、カイト、飲んで飲んで。ついでにおれたちの分も注文してくれよ。

カイト　（ろれつがまわらないようすで）ああ、飲め、飲めー。

▼ともだち、指を鳴らしてウエイターを呼ぶ。
▼ウエイターの制服を着たケント（二十五歳）、下手から出る。

ケント　およびですか。

ともだち1　酒だ酒だ。酒もってこい。

ケント　かしこまりました。グラスはいくつおもちしますか。

ともだち2　おい、数も数えられないのか。三人いるんだぜ。三つにきまってるだろ。

ケント　失礼ながら、まんなかのお客さまはこれ以上飲まれないほうが……。

ともだち1　ほんとに失礼なやつだな。ウェイターはだまって酒もってくればいいんだ。

ケント　（カイトにむかって）お客さま、だいじょうぶですか？

ともだち2　おい、ほんとに失礼だぞ。よけいなこと言うんじゃない！

カイト　（目をあけて）おや、どっかで見た顔だな。

ケント　カイト、カイトだろ？　ぼくだよ。ケントだよ。

カイト　は？　ケント？　おれのおさななじみのケントか？　じょうだんを言うな。ケントはな、こんな酒場で酒を売ってるようなやつじゃない。あいつは勉強家で、いつかえらいやつになるんだ。

ケント　ほんとにぼくだよ。ケントだよ。大学はやめたんだ。父が急に死んで、母も病気になったから、働かなきゃならなくて。昼間の仕事だけじゃ、かあさんの薬代が払えないから、夜はここで働いてるんだよ。カイトは何してるの？　こんなに高い酒をたくさん注文して、だいじょうぶなの？

ともだち1　だいじょぶ、だいじょぶ。

ともだち2　こいつ、おやじさんからたんまり金をもらったんだから。

ともだち1　そうそう。どうせ遺産をもらえるなら、先にくれ、って言ってな。

ともだち2　毎日毎晩、ぜいたく三昧。

ともだち1　おれたちは、そのおこぼれにあずかってるのさ。こいつは気前がいいから何でもおごってくれるんだ。

ともだち2　そうだ。おまえもおごってもらえよ。こいつのともだちなら、昼も夜も働くなんていう生活とはおさらばだぜ。おねだりしすれば何でも買ってくれるし、朝から晩まで遊び放題だ。

ケント　あなたがたは、カイトのともだちなんですか？

ともだち1　そうだよ。なかよしのおともだちだ。

ケント　だったら、こんなぜいたくをしないように言ってやってください。

ともだち2　は？　何言ってるの？　こいつがぜいたくをやめたら、おれたちはともだちじゃなくなるだけだ。

ともだち1　そうそう。おごってくれるからともだちなのさ。

ケント　おい、カイト、目をさませよ。こんなやつらとつきあってちゃだめだ。

カイト　（顔をあげて）おい、おれのともだちに「こんなやつら」とはなんだ。

ともだち1 2　そうだ、そうだ！

ケント　カイト、しっかりしろよ。おじさんの大事なお金をこんなことに使っちゃだめだ。

カイト　うるさい！　おまえは昔からそうだ。いつだってえらそうに……。

ケント　ぼくがいつカイトにえらそうにしたんだ。

カイト　いつだってさ。今もそうだ。おれは、おまえのその優等生づらが大嫌いだったんだ。ふん、せっかくの酔いがさめちまった。帰るぞ。

▼カイト、席をけたてて立ち上がる。

ともだち1　ええ？

ともだち2　高い酒は？

▼カイト、怒ったように出ていく。そのいきおいでテーブルがひっくりかえる。
▼ともだちたち、あわててあとを追う。三人、上手に消える。
▼残ったケント、床にちらばった食べ物やグラスをかたづける。かたづけながら、腕で目の涙をぬぐう。

カイトの家の前

▼ナレーター、上手から出る。

ナレーター　あれから十五年がたち、カイトとケントは四十歳になりました。ケントはあのあと、カイトのお父さんの工場で働かせてもらうことになりました。そして、お嫁さんをもらって、子どももうまれ、貧しいけれど幸せな家庭を築いていきます。

一方、カイトは、遊んで暮らしているうちに、お父さんのお金を使い果たし、ともだちからも見捨てられ、今は外国で豚のせわをして暮らしています。カイトのお父さんは、それでもカイトの帰りを待っていましたが、とうとう息子の顔を見ることなく、病気で亡くなってしまいました。

ケント　カイト、社長の葬儀にも帰ってこなかったな。

奥さん　カイトさんって、社長さんの息子さんよね。あなたのおさななじみなんでしょ。ずいぶん親不孝な人ね。社長が生きているうちから遺産をくれって言ったり、そのお金を遊びに使い果たしてしまったり、あげくのはてに外国に行って帰ってこないなんて。

ケント　きっと合わせる顔がないと思ってるんだ。社長はとっくにゆるしていたし、さいごまでカイトが帰ってくるのを待っていたのになあ。

奥さん　困ったものね。会社はどうなるの？

ケント　そうだなあ。社長の奥さまが元気でいるかぎりは、とりあえずぼくがカイトの代わりに……。

▼ナレーター、上手に去る。
▼入れ替わりに、喪服を着たケントと奥さんが下手から出る。

▼ケント、急に立ち止まり、ものかげをのぞきこむ。

ケント　カイト！　カイトじゃないか。どうしてもう少し早く帰れなかったんだ？

カイト　ふん、もらった金を使い果たしておちぶれた息子なんて、顔を出したって追い帰されるだけに決まっているじゃないか。

ケント　まさか。社長はずっとカイトの帰りを待ってたのに……（ケント、手の甲で涙をぬぐう）。

カイト　また優等生づらをする気か。しかも、おまえ、うちの会社を乗っ取ろうとしてるな。

ケント　ぼくが……？　なぜ？

カイト　しらばっくれるな。たった今、息子であるおれの代わりになる、って言ったじゃないか。

奥さん　ちょっと。あんまりじゃありませんか。この人だって、あなたの帰りを待ってたんですよ。そもそもあなたが出ていって遊びほうけていたからいけないんでしょ。うちの人は社長の奥様がお気の毒だから助けてあげようと思っただけじゃないですか。あなたって、ご両親に対してもともだちに対しても恩知らずなんですね！

ケント　（奥さんに）やめないか。カイトは……。

カイト　おや、ケントの奥さんか。結婚したんだな。子どももいるのか。

ケント　ああ、ずいぶん遅くに、やっと。男の子がひとり。まだ小さいんだ。

カイト　へえ。うちの会社の金で家族を養ってるわけだ。おれは豚のせわをしながら、そのえさをひろって食べたこともある、っていうのにな。でも、おや

▼みすぼらしい服を着たカイトが隠れるように立っている。

じが死んだからには、今日からはおれが社長だ。いいな？

ケント　もちろんだよ。

奥さん　ちょっと、あなた……。

カイト　ははは。今日からはおれが社長でおまえはやとわれ人だ。ことばづかいに気をつけろよ。まずは就任祝いだ。ごちそうをつくれ。おっと、その前に、このかっこうはまずいな。新しい服と上等のワインをもってこい！　ははは。ははは。やっぱ神様はいるんだなあ。

▼カイト、わらいながら、大股に歩いて下手に去る。

奥さん　（その方向に向かって）ちょっと！　会社のお金をむだづかいしないでよ！

ケント　（なだめるように）今日はとくべつだ。いなくなっていたこの家の息子が帰ってきたんだから、お祝いするのはあたりまえだよ。さあ、ごちそうの用意をしてきてくれ。ぼくは、みんなに知らせてくるから。

▼奥さん、ぷりぷりしたようすで、上手に去る。
▼下手から喪服を着たカイトのおかあさん（六十五歳）、走り出てくる。

カイトのおかあさん　ああ、帰ってきた！　あの子が帰ってきた！

ケント　ええ。ほんとうによかったです。

カイトのおかあさん　ごめんなさいね。会社はあなたに継いでもらおうと思っていたけど、あの子が帰ってきたからには……。

ケント　わかっていますよ。従業員として、今までどおり一生懸命働きますから、

カイトのおかあさん

安心してください。ありがとう。あなたには世話になるわね。これからもあの子をよろしくね。でも、まずはお祝いしましょう！　こんな時だけど、生きている人のために乾杯しなくちゃね。ああ、神様、感謝します！

カイトの家の中

ナレーター

二十年の月日が流れました。ケントとカイトは六十歳になりました。ケントはカイトの会社の工場で一生懸命働きましたが、社長であるカイトがどんどんお金をむだづかいしたので、とうとう会社はつぶれてしまいました。

▼カイトのおかあさん、下手に走り去る。
▼ケント、しばらく立ちつくしているが、やがて静かに上手に去る。

▼カイト（六十歳）が、がっくりしたようにいすにすわってうなだれている。
▼そのとなりで、カイトのおかあさん（八十五歳）も同じようにうなだれている。おかあさんは、カイトの手の上に自分の手を重ねている。
▼ナレーター、上手から出る。

▼ナレーター、上手に去る。

▼入れ違いに、上手から、ケント（六十歳）が入ってくる。作業着を着て、ぼうしを手に持っている。

ケント　社長、それでは失礼いたします。

カイト　もう社長じゃねえよ。会社はなくなっちまったんだから。

▼ケント、深々とおじぎをし、去ろうとする。

カイト　ケント、待ってくれ。

ケント　（無言でふりむく）

カイト　今さらだけど、最後にこれを……（ポケットから袋を出す）。

ケント　（袋の口をあけて）こんな大金を……どうして？

カイト　隠してたんだよ。差し押さえになる前にな。これをやるから、息子を大学に行かせてやれよ。

ケント　ありがとうございます。でも、だいじょうぶですよ。息子は奨学金をもらえることになりました。わたしも、ここの会社でみがいた技術を買われて、よその工場でやとってもらえることになりました。この年でも、まだまだ健康ですからね。いくらでも働けます。（袋をそっと押し返しながら）これはおかあさまのためにおつかいください。

カイトのおかあさん　（弱弱しい声で）カイト、もうどこにも行かないで（カイトの手をしっかりにぎる）。

カイト （無言でうつむきながら、金の入った袋をポケットに入れる）

ケント おせわになりました。

カイト なんだ、いやみか。おれのせいでこんなことになったのに。

ケント いいえ。心からの気持ちです。

▼ケント、ふたたびおじぎをし、去ろうとする。

カイト ケント！

ケント （ふりむく）

カイト おまえ、うらんでいないのか？

ケント だれをですか？

カイト だれをって……神様をだよ。いるとしたら、の話だけどな。おれがこうなったのは、自業自得だ。でも、おまえは何も悪いことしてないのに、不幸の連続じゃないか。中学受験の勉強がんばったのに、試験の日に熱が出て落ちたし、せっかく一流の大学に入ったのに、家の事情でやめなきゃならなかったし、あげくの果てに、せっかく腕のいいエンジニアになっても、おれのせいでいつも金に困ってたし……。もし神様がいるとしたら、おまえに対して意地悪すぎないか？

ケント そんなことはありません。神様にはいつも感謝しています。十分すぎるほどわたしに良いものをくださっていますから。

▼ケント、やさしくほほえむ。

カイト　金も財産もくれないのに？

ケント　ともだちがいます。あなたという。

カイト　あいかわらず優等生のお返事だな。それこそいやみというものだ。ああ、胸くそ悪い。さっさと出ていってくれ。

▼ケント、迷うような顔で立ちつくす。
▼カイト、そっぽを向いている。
▼ケント、やがて意を決したように話し出す。

ケント　わたしが何とか生きてこられたのは、あなたのおかげです。先代の社長が息を引き取る前におっしゃいました。わたしがこの会社の工場で働けるようになったのは、あなたのおかげだったんですね。あなたはあのころ、放蕩三昧で実家に近寄っていなかったけれど、一度だけ、「おさななじみが、大学をやめて酒場で働かなきゃならなくなったから、やとってやってくれ」って、おとうさまに頭を下げて頼んでくれたんですよね。「絶対に言わないでくれって息子から言われたけど、これからはあいつを助けてやってくれ」と……。それが先代の社長の遺言でした。さいごまで果たせなくて申し訳なく思っていますが……感謝しています。心から。酒場の仕事をやめることができましたし、一人前のエンジニアになって、結婚することもできました。何もかもあなたのおかげです。神様はわたしに、あなたというともだちを与えてくださいました。

▼ケント、おじぎをし、上手に去る。

カイト　ケント！（立ち上がってあとを追おうとするが、おかあさんにひきとめら

れる）

カイトのおかあさん　ケント、どこにもいかないで、ここにいて。

カイト　（ふたたび腰をおろしながら）神様なんて関係ない。おれは信じないぞ。あいつはたまたま運よくおれというともだちに恵まれていただけなんだ。

▼暗転。

病院の一室

▼病院のベッドにカイト（八十五歳）が目をとじて横たわっている。

▼上手から、ナレーターが出てくる。

ナレーター　二十五年がたちました。カイトとケントは八十五歳です。ケントは、工場のエンジニアとして長く働いた後、息子が結婚し、奥さんにも先立たれ、今は引退してひとりぐらしです。カイトは、もっていた最後のお金を使い果たしたあと、遠い親戚のせわになりながらおかあさんを見送り、やはりひとりぐらしです。そして今、病院でさいごのときを迎えようとしています。

▼ナレーター、上手に去る。

▼下手より、看護師とケント（八十五歳）が入ってくる。

看護師　こちらです。

ケント　ありがとう。

看護師　あまり長い時間にならないようにしてください。

ケント　わかりました。

▼看護師、出て行く。

ケント やあ、カイト、ひさしぶり。わたしだよ。

カイト （目をあけて）ああ、ケント。

ケント ぐあいはどう？

カイト すごく悪いよ。

ケント そりゃこまったな。早く元気になってくれよ。碁の相手がいないとこまる。

カイト （ふふっとわらいながら）おまえはいつだっておれを待っててくれるんだな。

ケント ああ。ほとんど得意技だ。

▼ふたり、顔を見合わせてわらう。
▼カイト、ベッドの上で体を起こす。ケント、手をそえて手伝う。

カイト でも、今度ばかりは待ってもむだだ。自分の寿命は自分がいちばんよく知っている。

ケント あいかわらずだな。そういうことは神様におまかせしろよ。

カイト 医者じゃなくて神様か。おまえもあいかわらず優等生だな。

ケント （だまってほほえんでいる）

カイト （枕の下から袋を出す）今日来てもらったのは……さいごにおまえにこれを渡そうと思ってな。

ケント （身構えるように）また金をためていたのか？　それなら自分の治療のた

めに使え。薬だって手術だって……まだまだできるだろう？

カイト いや、いいんだ。それこそほんとうのむだづかいだよ。世話してくれてる親せきにも申し訳ないし。

ケント カイト、それは……。

カイト ほんとうは、おまえなんだろ？　親せきの名前で、ずっと援助してくれてたんだよな？

ケント （だまりこむ）

カイト おれはずっと、おまえにおれというともだちがいた、と思ってた。でも、ほんとうは、おれにおまえというともだちがいた、ってわけだ。ありがとな。だから、これ、受け取ってくれ。

ケント だから、それは……！

カイト 言っとくけど、金じゃないよ。

ケント え？

カイト 金は全部ありがたくつかわせてもらった。もちろんぜいたくはもうしなかったさ。おふくろと自分の生活だけのためにつかって、残りは寄付したんだ。世の中の、困っている、ともだちのいない人のために。

ケント カイト……。

カイト これは、それとは別に、おまえに長年借りてたものだ。どうしても、返しておかないと気がすまなくてな。

ケント 貸してたものなんか、あったかな（袋の口をあけ、中身を出す）。これは……どんぐり？

カイト ああ。かけに負けた分を、今返すんだ。

ケント かけ？　もしかして、子どものときの遊びの？

カイト そう。さいごのかけの決着がついてなかっただろ。

ケント なんのかけだっけ。

カイト 覚えてないならそれでいいよ。ただ、そのどんぐりだけは受け取ってくれ。

ケント わかったよ。それにしても、さいごのかけに勝つとは、わたしも少しは運がよかった、ということかな？

カイト 運じゃない。おまえは絶対負けないほうにかけただけだ。正真正銘、ほんものの優等生だよ。うらやましいやつだ。

ケント わたしもずっときみがうらやましかったよ。犬もいたしな。

カイト ポチ、か。

ケント うん。かわいい犬だったな。

カイト ああ。かわいかった。

ナレーター その晩、カイトは静かに息をひきとりました。今では、カイトが天国でケントを待っています。ケントがきたらまた遊ぼうと思っているかもしれません。そして、神様の庭で、どんぐりをたくさん集めているかもしれません。

▼ケント、ゆっくりとまた横になる。
▼カイト、手を添えて手伝い、そっと毛布をかける。

▼ケント、下手に去る。
▼カイト、目をとじる。舞台、暗くなる。
▼ナレーター、上手から出る。